ESFREGUE O NARIZ
COM ALGUÉM QUE VOCÊ
AME.

RONRONE,

RONRONE,

RONRONE.

O PULO DO GATO

Os Felinos Opinam sobre as
Grandes Questões Existenciais

BILL ZIMMERMAN
Ilustrado por Tom Bloom

O PULO DO GATO

Os Felinos Opinam sobre as
Grandes Questões Existenciais

Tradução
MIRTES FRANGE DE OLIVEIRA PINHEIRO

EDITORA PENSAMENTO
São Paulo

Título do original:
Cat-e-Chisms
Feline Answers to Life's BIG Questions

Edição	Ano
1-2-3-4-5-6-7-8-9	98-99-00-01-02

Direitos de tradução para a língua portuguesa
adquiridos com exclusividade pela
EDITORA PENSAMENTO LTDA.
Rua Dr. Mário Vicente, 374 — 04270-000 — São Paulo, SP
Fone: 272-1399 — Fax: 272-4770
E-mail: pensamento@snet.com.br
http://www.pensamento-cultrix.com.br
que se reserva a propriedade literária desta tradução.

Impresso em nossas oficinas gráficas.

Em memória de meu querido e gentil amigo
Arthur Hamparian.

E para minha filha, Carlota, que abre seu coração
a todas as pequeninas criaturas de Deus.
— B.Z.

PALAVRA DE GATO

Quantos de nós não acordamos pela manhã e nos perguntamos “Qual é o significado da nossa vida?” Algumas vezes a resposta está bem na frente dos nossos olhos, em cima ou embaixo da cama, na forma de uma criatura de quatro patas, o gato, que espera impacientemente que acordemos e lhe demos de comer.

Talvez o significado da nossa vida possa ser encontrado na maneira como demonstramos amor pelos outros, inclusive pelo nosso amigo, o gato. A maneira altruísta com que cuidamos, acariciamos e alimentamos esses pequenos seres mostra a constância do nosso amor. Esses cuidados também nos proporcionam um centro ao redor do qual podemos construir nossa vida.

Quando estiver com seu gato, se você o observar com atenção, encontrará algumas respostas para as grandes questões existenciais levantadas neste livro. Quais são as regras básicas da vida? Como podemos tirar o melhor proveito de nossos dias e fazermos com que nossa vida realmente valha a pena? Quais são os prazeres da vida?

Seu gato sabe as respostas – com certeza –, portanto, ouça atentamente quando ele ronronar seu contentamento e mistério para você, sem se preocupar se o bichano existe só na sua imaginação.

Bill Zimmerman

PS: Sinta-se à vontade para desenhar bigodes nos gatos das ilustrações, quando preciso, e até mesmo para colori-los se quiser.

VIDA

PRIMEIRA
GRANDE
PERGUNTA:
QUAIS
SÃO AS
REGRAS
BÁSICAS
DA VIDA?

»O SUSPIRO DO GATO«

LÍNGUA DE GATO: SINTA O PERFUME DAS FLORES. VEJA QUE GOSTO ELAS TÊM.

CONSERVE SEMPRE UM POUCO DO
SEU INSTINTO SELVAGEM.

SER
IMPREVISÍVEL,
AFINAL DE CONTAS,
É O QUE FAZ DE VOCÊ UMA
PESSOA TÃO EXCITANTE.

NÃO DEIXE QUE SE APODEREM
DE VOCÊ FACILMENTE.

TRABALHE DURO PARA SER
FLEXÍVEL NA VIDA.
NÃO SE DEIXE
PRENDER PELOS
PROBLEMAS
DO DIA-A-DIA.

Querida Tabby,

A vida perdeu a graça para mim. Até mesmo minhas brincadeiras favoritas não me fazem mais vibrar. O que devo fazer?

Siamesa
entediada.

Querida Entediada,

Você deve desafiar a si mesma a escalar novas alturas na vida de vez em quando. Estabeleça novas metas todos os dias, não se contente com o comum... isso só irá aborrecê-la, fazendo soltar os cachorros em cima do primeiro que aparecer pela frente.

Sinceramente, Tabby

TIRE UM COCHILO SEMPRE
QUE TIVER UMA OPORTUNIDADE.

VOCÊ VAI PRECISAR DE UM POUCO DE
DESCANSO
PARA ENFRENTAR NOVAS AVENTURAS.

LÍNGUA DE GATO: FIQUE DE OLHO NOS CANÁRIOS.

MANTENHA-SE LIMPO E PRONTO
PARA SER ADMIRADO.

LEMBRE-SE DE LAMBER O BIGODE
E LAVAR ATRÁS DAS
ORELHAS.
FAÇA DISSO UM RITUAL.

»O SUSPIRO DO GATO«

ALGUMAS VEZES VOCÊ PRECISA
SE AGARRAR AOS OUTROS.

ALGUMAS VEZES VOCÊ
TEM QUE SE SOLTAR.

O MIADO DO GATO

ENCARE O MUNDO
COMO UM NOVELO
DE LÃ.
BRINQUE
COM ELE
ATÉ CANSAR.

LÍNGUA DE GATO: RONRONE DO FUNDO DA SUA ALMA.

TENTE CAIR
SEMPRE DE PÉ...
NÃO DE CABEÇA.

Querida Tabby,

Meu verdadeiro amor tem pedigree, enquanto eu tenho uma origem muito mais humilde. Há futuro para nós? Incerta do Pêlo Curto.

Querida Incerta,

Pedigree não é tudo, o que realmente conta é a maneira como conduzimos nossa vida e como tratamos os outros. As pessoas vão julgá-la pela maneira como você age, seja você um gato de raça ou um vira-lata. Lembre-se, dentro de cada um de nós existe um aristogato. Respeite-se.

Sinceramente, Tabby

SAIBA
GUARDAR

NÃO DÊ COM A LÍNGUA NOS DENTES,
COMO UM CACHORRO FARIA.

O MIADO DO GATO

SEJA
RESERVADO.
CONFIE
NO SEU
JULGAMENTO.

LÍNGUA DE GATO: FAÇA PARTE DO SILÊNCIO QUE VOCÊ OBSERVA.

MESMO QUE AS COISAS MUDEM
AO SEU REDOR,
PERMANEÇA ENRODILHADO
NO ÂMAGO DO SEU SER.

ISSO O AJUDARÁ
A ENFRENTAR OS
TEMPOS DIFÍCEIS.

»O SUSPIRO DO GATO«

LÍNGUA DE GATO: SINTA O SOL AQUECER VOCÊ.

NUNCA DEIXE DE SER CURIOSO
(A DESPEITO DO QUE VOCÊ OUVIU).

É ASSIM QUE VOCÊ APRENDE E
CONTINUA A SER COMO UM GATINHO.

Querida Tabby,

Há ocasiões em que eu não consigo tomar uma decisão. Fico matutando dias e dias por aí e pergunto a opinião de todo mundo, mas não consigo me decidir. Como posso acabar com isso?

Persa
Confusa.

Querida Confusa,

Confie nas suas intuições (inclusive no seu sexto sentido, seja ele qual for); elas sempre guiarão você pelos caminhos da vida. E não se esqueça de usar os ouvidos e até mesmo os bigodes para captar as vibrações no ar.

Cordialmente, Tabby

OBSERVE, CHEIRE E OUÇA.

FIQUE ATENTO AOS SINAIS
QUE O CERCAM E AO
HUMOR DOS OUTROS.

»O SUSPIRO DO GATO«

EXPLORE
O MUNDO EXTERIOR SEMPRE
QUE TIVER VONTADE,

MAS LEMBRE-SE DE
VOLTAR PARA CASA.

HISTÓRIAS DE GATO... PERRRSEVERANÇA

SUBA O MAIS ALTO QUE PUDER.
MAS SEJA CAUTELOSO.

NÃO SE META EM ENCRENCAS
POR CAUSAS PERDIDAS.

O MIADO DO GATO

DÊ A
VOCÊ MESMO
TEMPO. ESPAÇO.
RESPEITO.

LÍNGUA DE GATO: PROCURE CANTOS SECRETOS E ESCONDIDOS.

SEJA CALMO
E
PACIENTE

DEIXE QUE SEU
AUTOCONTROLE
SIRVA
DE EXEMPLO
PARA OS OUTROS.

Querida Tabby,
Às vezes penso que os meus humanos estão muito seguros do meu amor. Eles não parecem me tratar com o devido respeito, apesar de eu ronronar e me esforçar para agradá-los. A culpa é minha ou deles?

Russa Azul Humilhada.

Querida Humilhada,
Você gosta de sofrer? Parece que se esqueceu da regra fundamental...Seja misteriosa! Dê a entender que tem uma vida secreta e os humanos irão implorar para fazer parte dela. Entretanto, você não precisa necessariamente deixá-los entrar. Em outras palavras, aprenda a ser um pouquinho mais independente.

Sinceramente chocada, Tabby.

LIBERDADE

SEGUNDA

GRANDE

PERGUNTA:

COMO

PODEMOS

TIRAR

O

MELHOR

PROVEITO

DOS NOSSOS

DIAS E FAZER

COM QUE A VIDA VALHA A PENA?

ESCOLHA UM PAPEL PARA SI MESMO NA VIDA... SERÁ QUE VOCÊ VAI SER UM MANDACHUVA? UM GATO GORDO? UM GATO ASSUSTADO? UM GATO ESPERTO? UM GATO BEM INFORMADO? UM GATO MIXURUCA? UM GATO LEGAL? UM GATINHO OU UM GATÃO? O QUE VOCÊ VAI SER?

SE NÃO
TEM CERTEZA,
POR QUE NÃO TENTA TODOS
ELES E VÊ
QUAL É O QUE MELHOR
SE ENCAIXA EM VOCÊ?
VOCÊ PODE REINVENTAR SUA VIDA SEMPRE QUE QUISER.

HÁ UMA HORA
PARA FAZER BAGUNÇA...
E UMA HORA PARA SER
ESPERTO E ASTUTO.

A VIDA NÃO É
SEMPRE IGUAL.

»O SUSPIRO DO GATO«

LÍNGUA DE GATO: ANINHE-SE NUMA POLTRONA CONFORTÁVEL.

TODOS NÓS,

INCLUSIVE VOCÊ,

PRECISAMOS SER O BOM
COMPANHEIRO DE ALGUÉM,
ASSIM COMO O
ALVO DO AFETO E DA
GENEROSIDADE HUMANA.

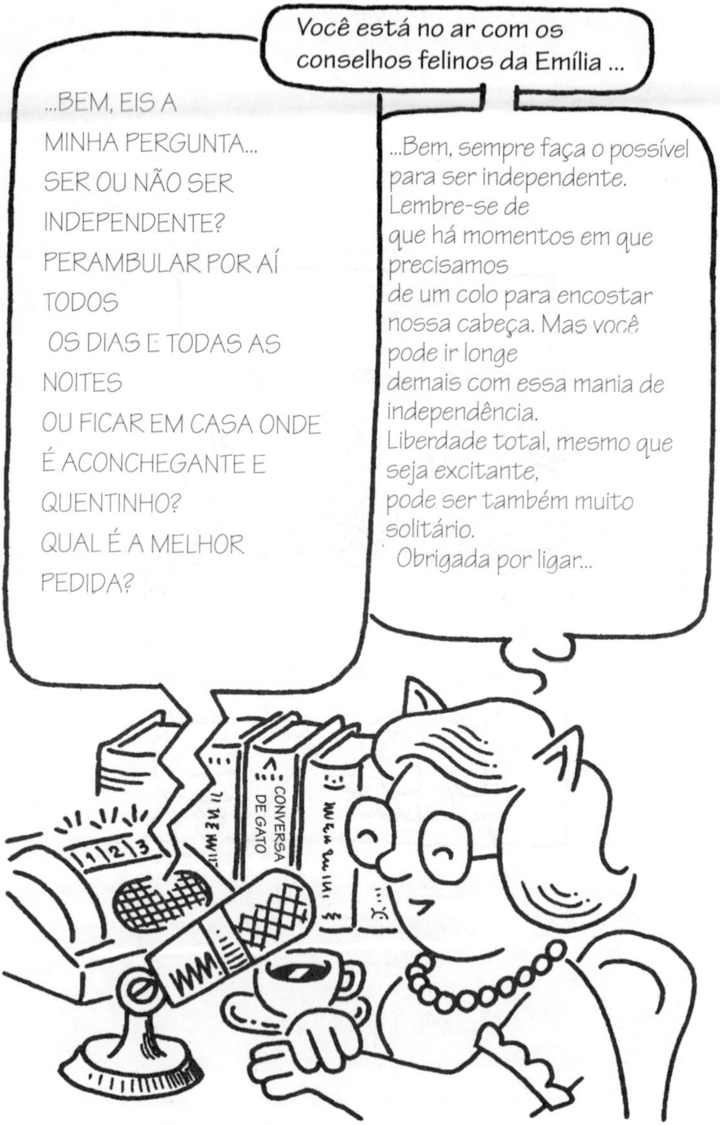
Você está no ar com os conselhos felinos da Emília ...
...BEM, EIS A MINHA PERGUNTA... SER OU NÃO SER INDEPENDENTE? PERAMBULAR POR AÍ TODOS OS DIAS E TODAS AS NOITES OU FICAR EM CASA ONDE É ACONCHEGANTE E QUENTINHO? QUAL É A MELHOR PEDIDA?
...Bem, sempre faça o possível para ser independente. Lembre-se de que há momentos em que precisamos de um colo para encostar nossa cabeça. Mas você pode ir longe demais com essa mania de independência. Liberdade total, mesmo que seja excitante, pode ser também muito solitário. Obrigada por ligar...
CONVERSA DE GATO
1 2 3

ENCHA O AMBIENTE
COM SUA PRESENÇA.

FAÇA UMA VISTORIA PELO LOCAL
E ESCOLHA
O (S) LUGAR (ES)
QUE MAIS LHE AGRADA(M).

LÍNGUA DE GATO: ESPERE ANSIOSAMENTE PELA NOITE. FAÇA PLANOS.

QUANDO VIR ALGUMA COISA
QUE VOCÊ REALMENTE QUISER,
CORRA! SALTE! AGARRE-O
COM TODA A SUA PAIXÃO!

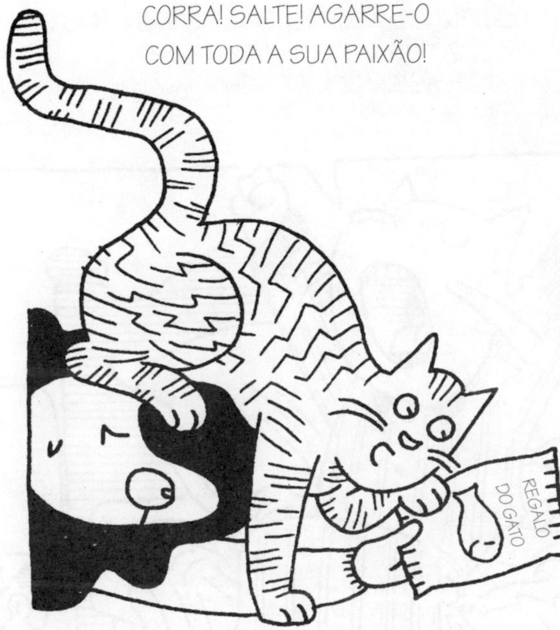

NÃO VÁ ATRÁS DO QUE
QUER COMO QUEM ACHA QUE NÃO VAI
CONSEGUIR.

HISTÓRIAS DE GATOS... PATADAS PARA REANIMAR

QUALQUER COISA PODE SER UM BRINQUEDO, QUALQUER OCASIÃO UM MOMENTO PARA BRINCAR;

PORTANTO, RENDA-SE AO SEU
BOM HUMOR
E À
ALEGRIA DE VIVER.

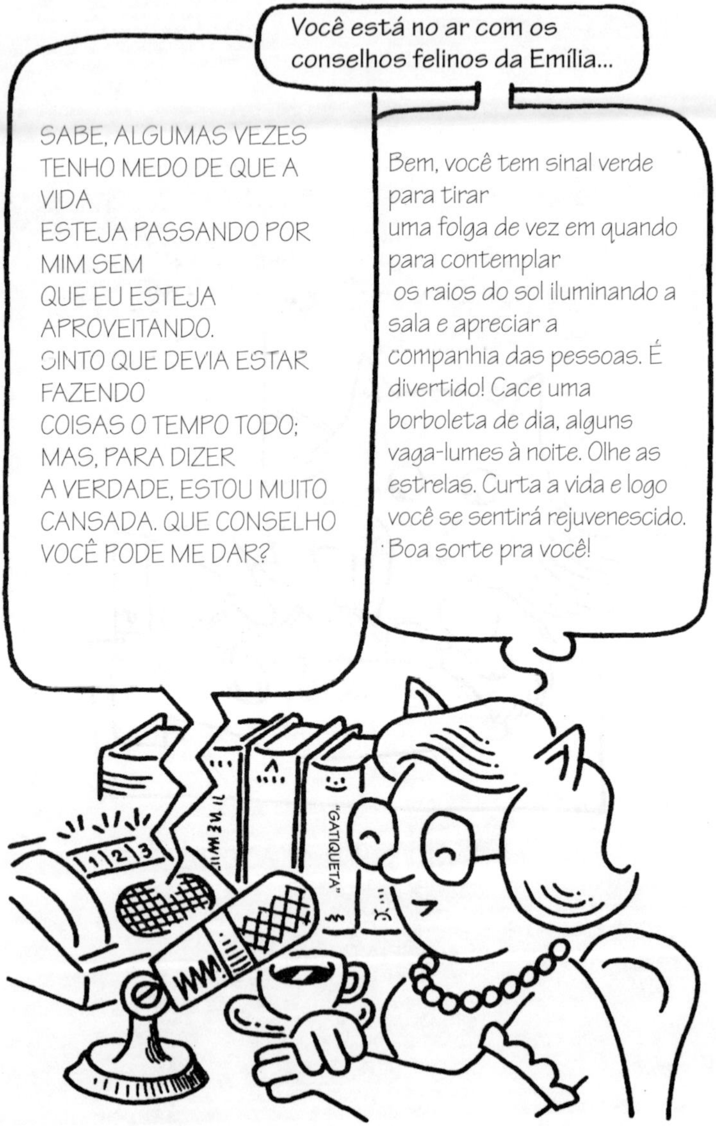
Você está no ar com os conselhos felinos da Emília...
SABE, ALGUMAS VEZES TENHO MEDO DE QUE A VIDA ESTEJA PASSANDO POR MIM SEM QUE EU ESTEJA APROVEITANDO. SINTO QUE DEVIA ESTAR FAZENDO COISAS O TEMPO TODO; MAS, PARA DIZER A VERDADE, ESTOU MUITO CANSADA. QUE CONSELHO VOCÊ PODE ME DAR?
Bem, você tem sinal verde para tirar uma folga de vez em quando para contemplar os raios do sol iluminando a sala e apreciar a companhia das pessoas. É divertido! Cace uma borboleta de dia, alguns vaga-lumes à noite. Olhe as estrelas. Curta a vida e logo você se sentirá rejuvenescido. Boa sorte pra você!
1 2 3
"GATIQUETA"

COM
VONTADE E DETERMINAÇÃO,
VOCÊ PODE SE AVENTURAR POR
PASSAGENS
ESTREITAS E TERRAS INEXPLORADAS
QUE OUTROS JULGARAM
INACESSÍVEIS.

SÓ NÃO SE ESQUEÇA DE SER FLEXÍVEL
NA SUA INVESTIDA.

»O SUSPIRO DO GATO«

LÍNGUA DE GATO: MIE UM MIADO PARA A LUA.

ESTEJA ATENTO.

VOCÊ PODE APRENDER BASTANTE COM O
MENOR DOS INSETOS
OU BRINCANDO COM
A SOMBRA E COM A LUZ.
ESSES SÃO PEQUENOS MILAGRES.

O MIADO DO GATO

NÃO DÊ
SEU AMOR
DE GRAÇA;
LEMBRE-SE
DE QUE VOCÊ NÃO
É O CACHORRO.

LÍNGUA DE GATO: OBSERVE O MUNDO DO PEITORIL QUENTINHO DE UMA JANELA.

SE ALGUMA COISA O DESAGRADA,
NÃO HÁ NADA DE ERRADO
EM EXPRESSAR
SEU
DESCONTENTAMENTO.

É BOM SABER QUANDO
AGRADAR OS OUTROS E FAZÊ-LOS
FELIZES.

RONRONE, DÊ UMA ESFREGADINHA,
UMA LAMBIDINHA EM ALGUÉM; A VIDA
NÃO PODE SER VIVIDA SEMPRE
DO JEITO QUE VOCÊ QUER.

ESPALHE TRANQÜILIDADE
ENTRE AS PESSOAS COM
SUA PRESENÇA
RECONFORTANTE.

NÃO HESITE
EM AJUDÁ-LAS NUMA
HORA DE NECESSIDADE.

Você está no ar com os conselhos felinos da Emília...
... ULTIMAMENTE, NÃO SEI, ME SINTO APRISIONADO, COMO SE A VIDA ESTIVESSE, HUM... ME ENCURRALANDO NUM BECO SEM SAÍDA, E ISSO TÁ ME DEIXANDO OPRIMIDO. COMO POSSO ME LIVRAR DESSA SENSAÇÃO?
...Não se sinta acuado. Existe sempre uma saída, se você não entrar em pânico, e se der ao trabalho de observar as coisas à sua volta. Às vezes a resposta está tão debaixo do seu nariz quanto seus bigodes. Olhe em volta e você verá. Agora, se cuide...
HÁBITOS DOS RATOS
WWW

NÃO TENHA MEDO
DO ESCURO,
DEIXE QUE SEUS OLHOS BRILHEM
DENTRO DA NOITE.

PODE-SE TIRAR
PROVEITO DA
CALADA DA NOITE.

»O SUSPIRO DO GATO«

LÍNGUA DE GATO: ABORREÇA O CACHORRO.

OCUPE-O COM CUIDADO.
DEPOIS, TIRE UMA SONEQUINHA.
ELE AINDA ESTARÁ LÁ
QUANDO VOCÊ ACORDAR.

»O SUSPIRO DO GATO«

LÍNGUA DE GATO: GASTE EXCESSO DE ENERGIA COM O AMOR.

AME, ACALENTE E CUIDE

SUA DEVOÇÃO FARÁ
DELES INDIVÍDUOS COMPETENTES.

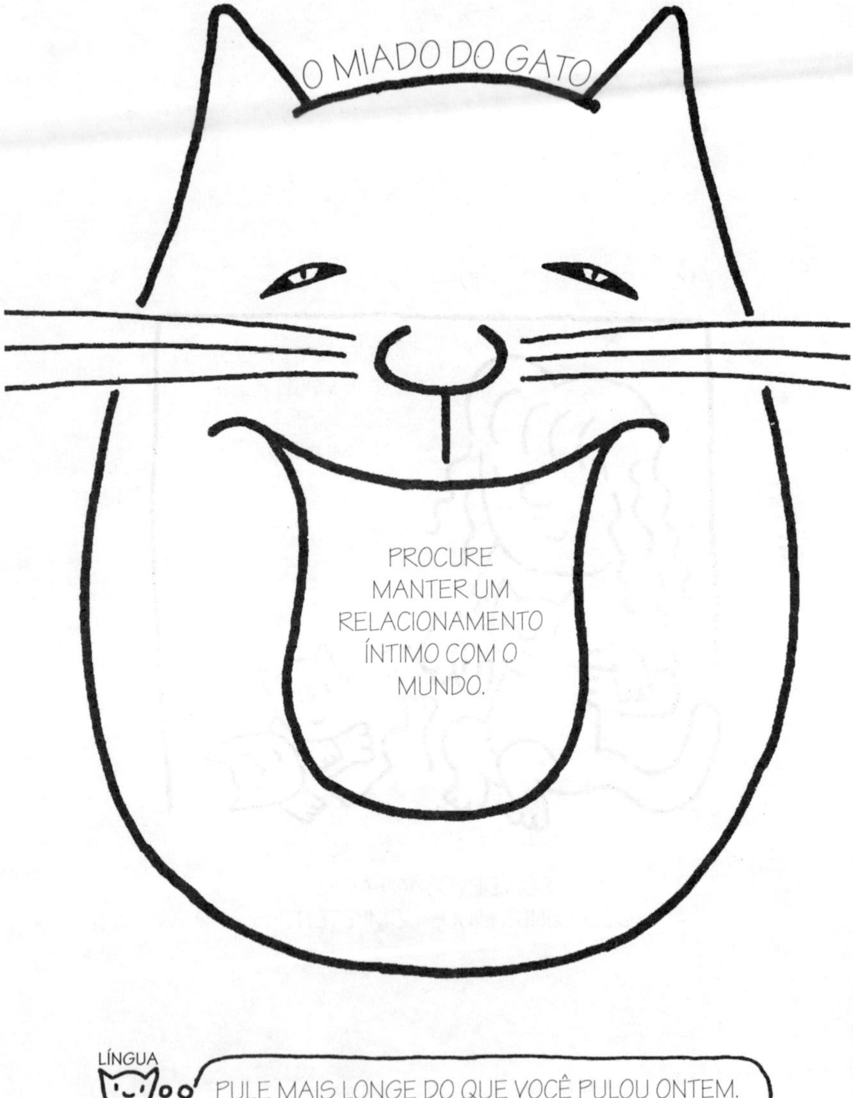

LÍNGUA DE GATO: PULE MAIS LONGE DO QUE VOCÊ PULOU ONTEM.

HÁ HORA PARA MIAR MANSINHO
E COM DOÇURA,

E HORA DE ROSNAR E
CHIARRRRRR........

MAS SEJA SEMPRE DISCRETO.

Você está no ar com os conselhos felinos da Emília...
SOU MUITO NERVOSO E AGITADO POR NATUREZA E, HUM..., BEM, PARECE QUE TUDO ACONTECE COMIGO. É..... É DIFÍCIL PRA MIM DIMINUIR O RITMO E IR MAIS DEVAGAR, SABE? QUER DIZER, O TEMPO É CURTO, NÉ? ENTÃO, O QUE É QUE POSSO FAZER?
...Bem, em primeiro lugar, RELAXE e respire fundo, devagar. A agitação pode ser uma boa maneira de ficar sintonizado com o mundo, mas pode também deixá-lo baratinado. Ache um canto tranqüilo e tente sossegar. Você precisa equilibrar sua vida. É como caçar ou apanhar um rato. É uma coisa maluca mas divertida. Sei que você pode fazer isso, você tem que conseguir.
CAT CHAT
A HISTÓRIA DOS DOIS GATINHOS
1 2 3

A BUSCA DA FELICIDADE

A TERCEIRA
GRANDE
PERGUNTA:
QUAIS
SÃO
OS
PRAZERES
DA
VIDA?

»O SUSPIRO DO GATO«

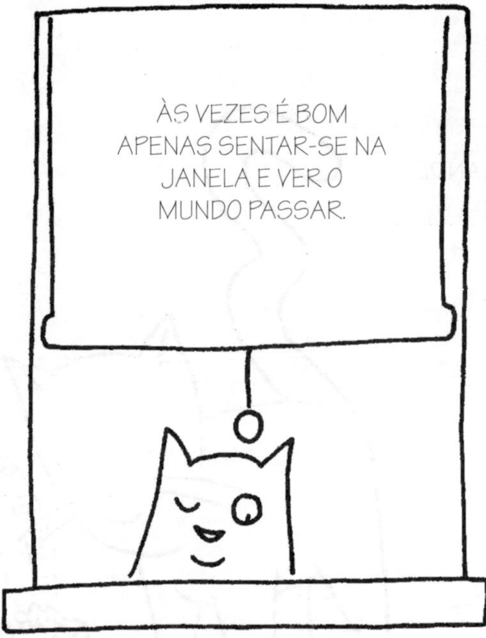

LÍNGUA DE GATO: TOME CONTA DO SEU PEDAÇO.

BRINQUE E DIVIRTA-SE SEMPRE,

NADA É MAIS NOBRE DO QUE ISSO.
BRINQUE ÀS PAMPAS, ROLE E DÊ CAMBALHOTAS.
A VIDA É CURTA.
(MESMO QUE VOCÊ TENHA SETE VIDAS.)

... ÀS VEZES, PARECE QUE NÃO TENHO CONFIANÇA EM MIM MESMO PARA IR ADIANTE. É PRECISO QUE TUDO SEJA EXPLICADO TINTIM POR TINTIM ANTES QUE EU ME MEXA. COMO POSSO MUDAR ISSO?
Seja aventureiro. Deixe que este sininho em volta do seu pescoço toque bem alto nas suas orelhas para acordá-lo! Às vezes é preciso mergulhar dentro do desconhecido para fazer com que a vida fique mais divertida. Ou talvez você possa tentar um banho de leite...
Dra Ágata Lina

DESCUBRA QUAL É O SEU MAIOR PRAZER NA VIDA. ENTREGUE-SE A ELE COM FORÇA TOTAL.

LÍNGUA DE GATO: ESPREGUICE, ESPREGUICE, ESPREGUICE...

PARTICIPE DA CAÇADA.

VOCÊ NÃO TEM QUE GANHAR... APENAS SE DIVERTIR COM A BRINCADEIRA.

»O SUSPIRO DO GATO«

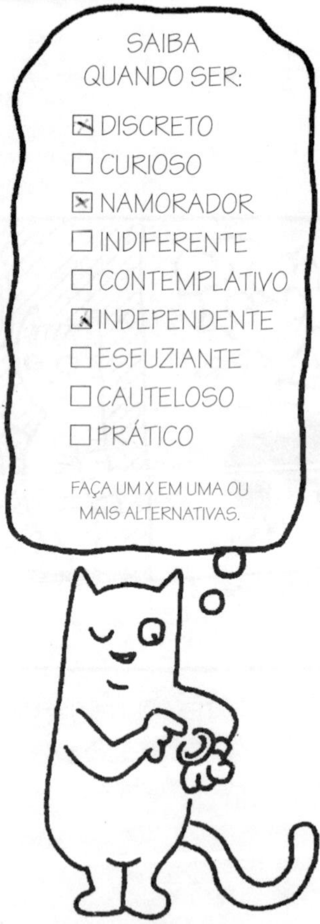

LÍNGUA DE GATO: SUBA NA CORTINA. APRECIE A VISTA.

ASSIM COMO VOCÊ ACEITA
AS IDIOSSINCRASIAS DOS SEUS GATOS,
ACEITE AS SUAS E AS DOS OUTROS.

NEM TODO MUNDO É IGUAL.

... BEM, DOUTORA, O NEGÓCIO É O SEGUINTE...MINHA MÃE DIZ QUE TENHO QUE ME COMPORTAR O TEMPO TODO, MAS SOU DO TIPO CURIOSO E GOSTO DE EXPERIMENTAR COISAS NOVAS. QUAL A SUA OPINIÃO?
Eu diria que uma travessura de vez em quando faz bem à alma. Mas ceder aos seus demônios às vezes tem seu preço. Senão, como é que você vai aprender o que é certo e o que é errado?
Dra Ágata Lina

RENDA-SE
AO SOL.
DEIXE SEU CALOR
ACALENTÁ-LO,
ENQUANTO TIRA UMA
SONECA SOB SEUS
RAIOS RELAXANTES.

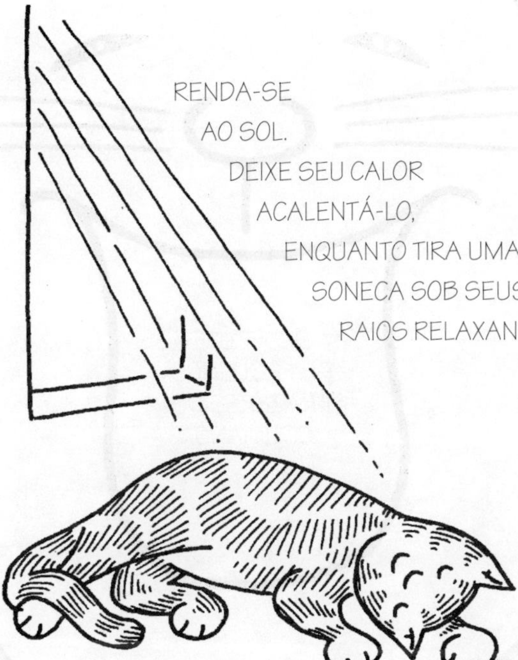

LÍNGUA DE GATO: BEIJE OS GATINHOS. ABRACE-OS TAMBÉM, SEMPRE.

ANINHE-SE NOS
BRAÇOS DE
ALGUÉM.

TODOS NÓS
PRECISAMOS DE ACONCHEGO
DE VEZ EM QUANDO. POR QUE
VOCÊ SERIA DIFERENTE?

QUANDO ESTIVER ATENTO E
FELIZ,
DEMONSTRE SEU BEM-ESTAR.

SEJA AMÁVEL E RONRONE UM DELICADO
»MUITO OBRIGADO«.

NÃO GUARDE RANCOR. A CERTA ALTURA DA VIDA É MELHOR FAZER AS PAZES COM OS INIMIGOS;

NÃO DESPERDICE SUA PRECIOSA VIDA BRIGANDO.

O MIADO DO GATO

CULTIVE SUA
ESPERTEZA E
INGENUIDADE
NATURAL.
ELAS VÃO GUIÁ-LO
AO LUGAR CERTO.

LÍNGUA DE GATO: BLOQUEIE A PASSAGEM DE UM INSETO.

AGENDE UM MONTÃO
DE RONRONS NA SUA
ROTINA DIÁRIA,

MAS VOCÊ
JÁ SABE
DISSO!

SOU UMA MÃE QUE TRABALHA FORA, ESPOSA AFETUOSA, DONA DE CASA E FILHA EXEMPLAR, MAS DEVO DIZER QUE TODA ESSA RESPONSABILIDADE ESTÁ COMEÇANDO A CANSAR MINHA BELEZA. O QUE POSSO FAZER?
...Parece que você já está cheia de tudo isso. Sempre fazemos o melhor que podemos, mas não podemos fazer tudo. Aceite ajuda. Deixe que alguém mais pegue os ratos. Vá se coçar no tapete ou apenas andar na ponta dos pés entre as tulipas.
Dra Ágata Lina

ENCONTRE UMA CERCA PARA SE SENTAR E APRECIAR A LUA COM OLHOS MARAVILHADOS.

MAS PROCURE NÃO ACORDAR OS VIZINHOS.

»O SUSPIRO DO GATO«

LÍNGUA DE GATO: FAÇA UMA PEQUENA TRAVESSURA.

DÊ BOAS-VINDAS À NOITE.
DEIXE QUE A ESCURIDÃO O PROTEJA.

PODE SER UMA BOA HORA DE
DESCOBERTA E DIVERSÃO
PARA VOCÊ.

HISTÓRIAS DE GATO... GARRAS FELINAS

SEJA SÁBIO.

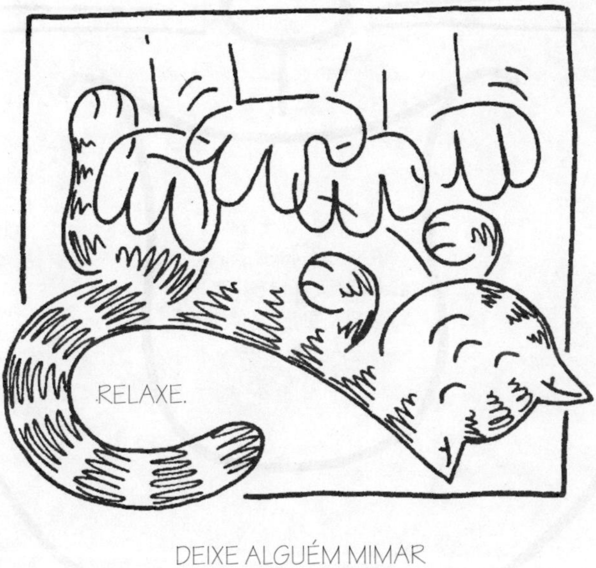

DEIXE ALGUÉM MIMAR
VOCÊ HOJE.

LÍNGUA DE GATO: DESEMBESTE NUMA CORRIDA LOUCA.

QUANDO CHEGAR
O MOMENTO,

RENDA-SE
AO AMOR.

...EU AMO E CONFIO NAS PESSOAS QUE MORAM COMIGO, MAS ELAS ME ENSINARAM A NÃO DEMONSTRAR MINHAS EMOÇÕES. EXISTE UMA MANEIRA DE CONSEGUIR FAZER OS DOIS?
...Não tenha medo de revelar sua confiança naqueles que você ama. Faça festa pra eles e deixe que façam você ronronar. Quando confiar e puder demonstrar que é vulnerável, terá um relacionamento mais rico e mais profundo.
Dra Ágata Lina

CONFORTE-SE
COM O LADO MÍSTICO
DA NATUREZA.

FIXE O OLHAR ATENTAMENTE NO DESCONHECIDO.

BILL ZIMMERMAN, criador de O Pulo do Gato, tem sido um contestador durante toda a sua vida. Jornalista há mais de vinte anos e editor premiado, Zimmerman é editor para projetos especiais no Newsday, um dos maiores jornais dos Estados Unidos. Seus outros livros são: Dog-Mas: Simple Truths from a Wise Pet;* The Little Book of Joy: An Interactive Journal for Thoughts; Prayers and Wishes; How to Tape Instant Oral Biographies, um livro que ensina você a gravar os acontecimentos familiares em fitas de áudio e vídeo; Make Beliefs, um livro mágico, um presente para a imaginação; Lifelines: A Book of Hope, que oferece pensamentos reconfortantes e A Book of Questions to Keep Thoughts and Feelings, uma forma nova de jornal/diário; Make Beliefs for Kids of All Ages e A Book of Sunshine, para dissipar as nuvens da sua vida. Zimmerman também dirige a Guarionex Press, que desenvolve e publica livros que usam o poder da imaginação e o espírito humano para superar os problemas da vida.

* O Amigo Fiel: Verdades Simples de um Cãozinho Sabido, publicado pela Editora Pensamento, São Paulo, 1996.

TOM BLOOM teve quatro gatos até hoje, e já morou com três de uma só vez. Entretanto, ele nunca pensou em si mesmo como um felino, pois seria muito difícil que pequenas patas peludas fizessem desenhos engraçados para o New York Times, Newsday, Forbes, Barron's, Fortune e Games Magazine. Ele e a família vivem atualmente sem a companhia de um gato, numa casa que, por incrível que pareça, não tem ratos. Ele também adora tirar um cochilo de vez em quando.

CONTE PARA NÓS

Caro leitor:
Compartilhe conosco as verdades simples que aprendeu com seu animalzinho de estimação. Talvez possamos incluir algumas delas em futuras edições. Também apreciaremos seus comentários e sugestões para tornar este livro ainda mais divertido e esclarecedor. Escreva para:

Bill Zimmerman
Guarionex Press
201 West 77th Street
New York, NY 10024

»O SUSPIRO DO GATO«